A tutti quelli che sono alla ricerca…

PASSAPORTO PER UNA NUOVA IDENTITA' IN CRISTO

Mikaël REALE

Titolo originale :
« Passeport pour une nouvelle identité en Christ »

Tradotto dal Francese da Françoise DICEMBRINO

Illustration: Mare Nostrum Project

Edition : BoD—Books on Demand
12/14 rond-point des Champs Elysées
75008 Paris
Imprimé par BoD – Books on Demand, Norderstedt

ISBN : 9782322101894

Dépôt légal : Janvier 2018

Ma dov'eri, Figliolo?

Mi piace, quando inizio la redazione di un libro, cominciare col proprio vissuto. Penso che le nostre esperienze ci permettano, ad un certo punto, di scrivere senza che ciò risulti pura teoria. Vi voglio quindi condividere un'esperienza che, alcuni anni fa, ha scombussolato la mia vita e il mio ministero.

Per collocare questo aneddoto nel proprio contesto, vi spiegherò prima le circostanze del momento.

Nel 1995, insieme a tutta la famiglia eravamo partiti come missionari alla volta del Madagascar.

In loco iniziammo un'opera che crebbe abbastanza velocemente. Dopo aver stabilito una prima chiesa nel nostro garage, ricevemmo da Dio una strategia di sviluppo che portò rapidamente frutto in abbondanza.

Ciò ci portò a formare i futuri responsabili di questa opera, riversando in loro ciò che avevamo in cuore. Dio ci mostrò delle coppie nella vita delle quali ci chiedeva di investire. Per tre anni, mentre lavoravamo allo sviluppo delle chiese e all'aspetto sociale e umanitario del nostro progetto, stavamo molto attenti a stabilire delle strette relazioni con coloro che un giorno ci avrebbero sostituito sul campo. Ne riparlerò in un capitolo successivo.

Dopo tre anni avevamo impiantato quattro chiese, una scuola cristiana, un orfanotrofio, e formato un centinaio di responsabili per varie chiese del paese. In quel periodo, dopo che ebbi avuto due gravi crisi di malaria nell'arco di un anno, ci trasferimmo sull'isola della Riunione.

Per me fu molto difficile lasciare il Madagascar. Avevo lavorato sodo per raggiungere la situazione in cui ci trovavamo e rimaneva tanto da fare. Volevo proseguire e vedere quest'opera prosperare. Solo quando fui ricoverato in Francia, vicino alla morte secondo il medico, potetti finalmente lasciare la presa, quando lo Spirito Santo mi diede da leggere il Salmo 127:

"Se il Signore non costruisce la casa,
invano si affaticano i costruttori;
se il Signore non protegge la città,
invano vegliano le guardie.
Invano vi alzate di buon mattino
E tardi andate a riposare
E mangiate pane tribolato;
egli dà altrettanto a quelli che ama
mentre essi dormono.
Ecco, i figli sono un dono che viene
Dal Signore;
il frutto del grembo materno
è un premio.
Come frecce nelle mani di un prode,
così sono i figli della giovinezza.
Beati coloro che ne hanno piena
la faretra!
Non saranno confusi
Quando discuteranno con i loro nemici

Alla porta."

Dopo venti anni, l'opera che abbiamo impiantato a Tamatave (Madagascar) è sempre fiorente, molto di più che se mi ci fossi aggrappato!

La nostra sistemazione sull'isola della Riunione, nel 1998, fu segnata dal miracolo di Dio. Iniziammo nuovamente nel nostro salotto una chiesa domestica. Dio ci diede di nuovo una strategia e quest' opera crebbe rapidamente. Dopo alcuni mesi aprivamo una seconda, poi una terza chiesa sull'isola. Nell'arco di diciotto mesi, avevamo celebrato più di duecento battesimi.

Il successo del "mio" ministero mi permise presto di essere invitato alle isole Mauritius dove mi recavo ogni due mesi per aiutare delle chiese nascenti e formare dei responsabili. Venivo anche regolarmente invitato in Francia, in Inghilterra, in Belgio, in Israele.

In quel periodo, stavo scrivendo il mio secondo libro e avevo tanti progetti: aprire un centro di formazione missionaria nell'isola della Riunione per preparare delle persone provenienti da tutto il mondo francofono, una scuola cristiana, registrare un CD con il nostro gruppo di lode ecc... Sembrava che niente potesse fermare questo tempo di "Risveglio" che stavamo vivendo.

Eppure entro poche settimane, in seguito ad una morte per incidente nell'ambito dell'assemblea e per via del comportamento di una persona della squadra di responsabili che da mesi faceva di tutto per minare il nostro lavoro, fui costretto a chiudere una delle chiese che avevo fondato. Un'altra chiesa decise di lasciare l'opera che guidavo. I progetti di scuola cristiana e di formazione missionaria dovettero essere abbandonati. Le peggiori calunnie iniziarono a circolare nei nostri confronti. Gli amici che pensavamo di avere nel ministero sembravano di voltarci le spalle gli uni dopo gli altri. Le persone che avevamo portate al Signore non ci rivolgevano più la parola…

Abbiamo deciso allora, con mia moglie Cathy, di prendere un anno di aspettativa, ma ciò assomigliava di più ad una fuga che alla ritirata strategica che davo come spiegazione ai membri della squadra.

Dio aprì una porta che ci permise di recarci in Inghilterra, in una chiesa dove avevo avuto l'occasione di predicare in precedenza.

Poco dopo il nostro arrivo, durante un incontro di preghiera presso degli amici della chiesa locale, mi fu data la parola seguente: *"Dio ti ha guidato lungo le acque chete, restaurerà la tua anima, poi ti guiderà sui sentieri della sua giustizia, per amore del suo nome." (Salmo 23)*

Rimasto senza sostegno economico, dovetti cercare un posto di lavoro, e lo trovai a un distributore di benzina. Il mio orario era quello dalle 18.00 alle 23.00. Per tutta la serata introducevo delle carte di credito nella macchinetta.

Dopo che avevo ricoperto un posto di grande responsabilità nell'oceano Indiano, questo lavoro mi sembrava degradante. Ero passato dallo statuto di direttore di un'opera internazionale coronata di successo a quello di lavoratore immigrato! E questa era la realtà!

E' strano a volte come ci esprimiamo riguardo a certi fatti. Un bianco che va all'estero per cercare lavoro è un esule, un uomo di colore che fa la stessa cosa è un immigrato!

Ho capito presto che nel mio caso sarebbe stato la stessa cosa. Così altrettanto velocemente ho ricevuto nel cuore una nuova compassione per quelli che sono "stranieri in mezzo a noi" e di cui Dio ci chiede di prendere cura. *"Non maltratterai lo straniero e non l'opprimerai, perché anche voi foste stranieri nel paese d'Egitto." (Es.22:21)*

Questa nuova condizione era molto stressante e poco a poco scivolai nella depressione. Avendo perso il mio "ministero", la mia posizione sociale in seno al Corpo di Cristo, avevo perso la gioia di vivere. Non pregavo più, non aprivo più la Bibbia e andavo in chiesa solo per i miei figli.

Passavo la maggior parte del mio tempo seduto sul divano ad aspettare l'ora di partire per il lavoro. Provavo a sembrare contento di fronte alla mia famiglia, ai miei amici, alle persone che incontravo, ma nessuno si lasciava ingannare. Mi sentivo inutile per il Regno, per i miei figli, per mia moglie. Era inutile pretendere di essere un servo di Dio in congedo sabbatico, ero solo un benzinaio a tempo parziale che non riusciva a nutrire la propria famiglia.

Questa situazione durò circa tre mesi finché una sera il Signore "fece irruzione" al distributore.

Non c'era quasi nessuno nelle strade, perché una pioggia fine e gelida aveva spinto i più coraggiosi a tornare presto a casa. La noia mi aveva colto e mi rimanevano ancora due ore prima di poter chiudere. Non avendo nulla da fare mi sono messo a pregare, anche se in modo più meccanico che cosciente. Era come se il mio spirito, privato di preghiera da così tanto tempo, avesse approfittato dell'apatia della mia anima per ricollegarsi con Dio.

Non ci voleva di più perché il Signore mi venisse incontro. L'atmosfera della stanza cambiò totalmente e prima che me ne rendessi conto Dio si rivolse a me: "Ma dov'eri, figliolo?"

Rimasi meravigliato dal fatto che Dio mi parlasse (non mi succede spesso che Egli si rivolga a me in modo udibile), ma la domanda che mi poneva mi fece adirare!

Come, "dov'ero?!" Avevo trascorso gli ultimi sei anni sul campo missionario, la mia famiglia era esausta, avevo rischiato più volte di morire, durante quegli anni non avevo preso più di tre settimane di vacanze, e non sempre un giorno libero alla settimana, e Dio mi chiedeva dove fossi…

Ancora prima che avessi finito di elencare tutto ciò che avevo fatto, la presenza di Dio era scomparsa.

Tuttavia, il fatto di aver assaporato la presenza di Dio dopo tanti mesi di broncio mi spinse a riprendere a pregare.

Dio è buono. Tornò, come la prima volta, con la stessa domanda, ma la mia reazione rimase purtroppo la stessa. Non sopportavo l'idea che non venissero riconosciuti il lavoro che avevo compiuto e il prezzo che avevo pagato. Provavo ad adempiere le mie faccende al distributore, mettevo in ordine gli espositori, pulivo il banco, ma mi resi conto molto presto che stavo perdendo qualcosa di essenziale.

Ricominciai a pregare chiedendo perdono a Dio per il mio atteggiamento. Non mi sarei adirato un'altra volta.

Allora Egli tornò e, pazientemente, mi pose nuovamente la stessa domanda: "Ma dov'eri, figliolo?"

Questa volta, lo Spirito Santo attirò la mia attenzione sulla parola chiave della domanda: …figlio!

Era ovvio che Dio sapeva dov'ero stato durante questi anni. Aveva assistito a tutto, si era rallegrato con me dei successi e rattristato con me dei miei fallimenti. Ma una cosa essenziale era mancata nella nostra relazione: non andavo più a Lui in quanto figlio!

Lo Spirito Santo mi ricordò le numerose volte in cui avevo pregato durante questi ultimi anni. Costatai che, anche se non ogni volta, ero venuto a Lui quasi sempre per chiedere qualcosa.

Chiedevo un buon messaggio per la chiesa, delle finanze per l'opera, unzione per il mio ministero, soluzioni ai problemi, guarigione per le persone ecc…

Provavo vergogna. Venivo a Dio solo per ottenere qualcosa?

Dio mi rammentò un passato più lontano in cui andavo solo per stare con Lui, nella lode e l'adorazione. Soltanto per condividere un momento con lui, perché lo amavo, perché amavo la sua presenza, perché era mio Padre, perché ero suo figlio.

Lo Spirito Santo mi disse allora: "*Il Padre ha dato il Suo Figlio unico perché tu sia riconciliato con Lui e diventi suo figlio, non un impiegato di casa sua.*"

In realtà, era la seconda volta che Dio mi diceva che gli ero mancato. La prima volta era stata quando lavoravo alla preparazione di una convenzione nell'Oceano Indiano; là, Dio mi aveva appartato per parlarmi da Padre a figlio.

Tre settimane prima che iniziasse questa conferenza, fui informato che il Centro dove essa doveva aver luogo non ci poteva più ospitare.

Quasi in panico, mi ero deciso a mettere da parte tre giorni di digiuno e preghiera, da solo in montagna. Avevo affittato una stanza e mi ero isolato dal mondo. Fui però impossibilitato di intercedere per la convenzione!

Trascorsi invece tre giorni fantastici alla sua divina presenza, ma non capii allora che ciò non doveva essere una semplice parentesi nella mia vita quotidiana. Molto presto mi buttai di nuovo in un attivismo accanito.

Ora, al distributore di benzina, presi coscienza che già a quel periodo avevo perso l'occasione di correggere il tiro. Dio allora aveva semplicemente tolto ciò che ostacolava la nostra relazione: il mio ministero!

Questa rivelazione mi permise, nell'arco di una serata, di uscire dal mio stato depressivo, e di fare di quest'anno sabbatico un anno di "Grazia dell'Eterno"!

Alla pompa di benzina iniziai a lodare Dio e scoprii che questo luogo poteva essere il posto più meraviglioso sulla terra se ci invitavo il Signore. Cominciai allora a redigere il mio libro

"Inseguito dalla Tua Grazia", e là realizzai a pieno che Dio è…

Un Dio di Relazioni

Sin dai primi capitoli della Genesi e in tutta la Bibbia possiamo costatare che l'Eterno è un Dio di relazioni e che le relazioni sono al centro del progetto di Dio. Leggiamo insieme alcuni versi di Genesi 2.

Gen.2:18 "L'Eterno Dio disse: non è bene che l'uomo sia solo; io gli farò un aiuto che sia adatto a lui". Contemplando l'uomo, Dio costata che questi non può rimanere solo. La domanda non si pone per il resto della sua creazione, soltanto per chi è creato alla sua immagine. Infatti, pare che l'uomo abbia dei bisogni simili a quelli del Suo Creatore, di cui è il riflesso.

Dio dà quindi ad Adamo una donna che gli assomiglia e con cui sarà faccia a faccia perché ha la sua stessa natura.

Faccio qui una breve parentesi a proposito del matrimonio. Possiamo leggere in Genesi che per creare l'uomo, Dio lo fa a Sua immagine. Ora, Dio non è né uomo né donna! Alcuni nomi di Dio sono prettamente maschili, altri prettamente femminili. El Shaddai ad esempio fa riferimento al seno nutrice di una donna.

Possiamo dedurne che l'essere umano creato a immagine di Dio non era neppure lui uomo o donna, ma piuttosto l'"ibrido" dei due.

Quando Dio crea la donna, non lo fa partendo dal "maschio" (una costola), bensì da un essere umano a sua immagine. La parola

"costola" può del resto essere tradotta con "lato, fianco". In realtà, Dio separa il maschile dal femminile nell'essere umano che ha creato affinché uomo e donna siano della stessa natura e interdipendenti.

Nel suo slancio instaura la prima istituzione che reggerà le relazioni umane: il Matrimonio. Gen.2:24 *"Perciò l'uomo lascerà suo padre e sua madre e si unirà a sua moglie, e saranno una sola carne."* E' una cosa interessante da meditare ai giorni nostri.

Tuttavia, Dio ha anche creato gli uomini perché rispondano al suo bisogno personale di relazioni, quindi a sua immagine, per avere come faccia a faccia chi gli assomiglia. Nei primi capitoli della Genesi, Lo vediamo visitare quotidianamente Adamo ed Eva. Egli fa parte integrante della vita della prima coppia dell'umanità.

Purtroppo accade il primo di una lista interminabile di peccati. Ne conosciamo tutti le conseguenze spirituali: Romani 6:23 "*Perché il salario del peccato è la morte*". Tuttavia questa morte non si manifesta subito nel corpo di Adamo ed Eva; la conseguenza immediata è lo strappo che avviene nelle relazioni umane e nelle relazioni dell'uomo e della donna con Dio.

Per prima cosa viene la paura. Gen.3: 10 "*Ho udito la tua voce nel giardino e ho avuto paura, perché ero nudo, e mi sono nascosto". L'uomo prova paura e vergogna.* È interessante notare che ciò porterà alla prima morte del racconto della creazione che è pure primo sacrificio di espiazione: l'animale che Dio ucciderà sarà per ricoprire con la sua pelle la nudità di Adamo ed Eva e la vergogna che ne consegue.

Poi viene l'accusa, che segue sempre da vicino il timore! Adamo, dopo aver dichiarato che la donna era carne della sua carne, ossa delle sue ossa, non è più solidale con lei(divorzia) di fronte alla loro responsabilità e la accusa. Gen.3:12 *"La donna che tu mi hai messa accanto, è lei che mi ha dato del frutto dell'albero, e io ne ho mangiato".*

In altre parole, è colpa della donna. Non MIA moglie, carne della mia carne, ossa delle mie ossa, bensì LA donna che TU mi hai messa accanto. Dunque non è colpa mia, è colpa degli altri.

Da quel giorno, le relazioni umane si avvelenano, vediamo un primo fratricidio poi le guerre, gli omicidi, i genocidi, l'aborto, il suicidio ecc...

La maggior parte di questi frutti avvelenati sono tuttora usciti dai nostri timori. Il timore dell'altro, di essere escluso, quello di mancare. Quante relazioni oggi sono segnate dal timore, persino con le persone che amiamo di più. Eppure, "L'amore perfetto caccia via il timore"!

Acquisita la conoscenza del bene e del male, il genere umano può solo essere terrorizzato di fronte alla santità di Dio che non condivide più. Allora si instaura con il divino una relazione pervertita dall'orgoglio, che porta Dio a non gradire il sacrificio offerto da Caino. Quest'ultimo, anziché accettare le raccomandazioni amorevoli di Dio, si butta nel peccato per ribellione e assassina suo fratello!

Da quel momento in poi i sentimenti di paura e di orgoglio saranno sempre al centro delle relazioni interpersonali e con il divino.

Dio però ha un piano che gli consentirà di ristabilire questa relazione. Getterà una passerella sopra il baratro che Satana ha scavato tra lui e l'umanità. Questa passerella ha la forma della Croce del Calvario sulla quale Gesù offrirà la sua vita per riconciliarci con il Padre e con il resto dell'umanità. E' grazie ad essa che abbiamo la vita eterna. Romani 5:10 " *Infatti, mentre eravamo nemici, siamo stati riconciliati con Dio mediante la morte del Figlio Suo, tanto più ora, che siamo riconciliati, saremo salvati mediante la sua vita*".

Da questa riconciliazione consegue la chiave di volta dell'autorità alla quale possiamo pretendere quando siamo salvati: la nostra identità.

Chi dite che io sia?

Conoscete sicuramente questo passo del vangelo in cui Gesù pone la domanda ai suoi discepoli.

Matteo 16:13-18 "*Poi Gesù, giunto nei dintorni di Cesarea di Filippo, domandò ai suoi discepoli: "Chi dice la gente che sia il Figlio dell'uomo?" Essi risposero: "Alcuni dicono Giovanni il Battista; altri, Elia; altri, Geremia o uno dei profeti". Ed egli disse loro: "E voi, chi dite che io sia"? Simon Pietro rispose: "Tu sei il Cristo, il Figlio del Dio vivente".*

Certamente Gesù non aveva un problema d'identità per chiedere ai suoi discepoli di confermargli chi fosse. Tuttavia, era primordiale che ricevessero e capissero ciò perché il seguito del loro ministero fosse all'altezza del sacrificio che stava per compiere a favore loro.

Infatti, solo dopo questa rivelazione svelò loro il piano della salvezza. Matt.16: 17-18 + 21 "*Gesù, replicando, disse: "Tu sei beato, Simone, figlio di Giona, perché non la carne e il sangue ti hanno rivelato questo, ma il Padre mio che è nei cieli". E anch'io ti dico; tu sei Pietro, e su questa pietra (questa dichiarazione di Pietro riguardo all'identità di Gesù) edificherò la mia chiesa, e le porte dell'Ades non la potranno vincere... Da allora Gesù cominciò a spiegare ai suoi discepoli che doveva andare a Gerusalemme e soffrire molte cose da parte degli anziani, dei capi dei sacerdoti, degli scribi, ed essere ucciso, e risuscitare il terzo giorno."*

Se il diavolo avesse convinto i religiosi dell'epoca di uccidere solo un "profeta", non sarebbe stato provveduto in nessun modo alla salvezza. Quanti profeti di Dio erano già morti?

Matteo 23:31 "*In tal modo voi testimoniate contro voi stessi, di essere figli di coloro che uccisero i profeti*". Se fosse stato ucciso un altro profeta non avrebbe cambiato niente! Ma uccidere il Figlio di Dio avrebbe cambiato completamente le carte in tavola: Questo è l'Agnello immolato!

All'inizio, ancora prima di affidargli la potenza necessaria per compiere il suo ministero, Dio conferma l'identità di Gesù. Matt.3:16-17 *Gesù, appena fu battezzato, salì fuori dall'acqua; ed ecco i cieli si aprirono ed Egli vide lo Spirito di Dio scendere come una colomba e venire su di lui. Ed ecco una voce dai cieli che disse: "Questo è il mio diletto Figlio, nel quale mi sono compiaciuto".*

Dobbiamo capire che il sacrificio di Gesù acquista valore solo se Egli è il Figlio di Dio. Accettare che Gesù sia un profeta, un uomo di Dio, accettare la sua stessa morte senza prendere coscienza di chi Egli è, non serve a niente!

E' interessante notare che quando Satana venne a tentare Gesù nel deserto, non mise in discussione la potenza dell'unzione che era scesa su di lui nel momento del suo battesimo e che faceva di lui un profeta, un sacerdote e un re. Mise invece in discussione la sua filiazione. Matt.4:3 "*Se tu sei Figlio di Dio, ordina che queste pietre diventino pani… Se tu sei Figlio di Dio, gettati giù"*… E questo durò fino all'ultimo momento sulla croce: Matt.27:40 "*Se tu sei Figlio di Dio, scendi giù dalla croce"!*

Bisogna capire imperativamente che se Gesù non è il figlio di Dio, non solo il suo sacrificio diventa vano, ma anche tutto ciò che ha compiuto e tutti i suoi insegnamenti diventano bugie.

In effetti, il desiderio ammesso del diavolo è che adoriamo lui anziché Dio. Tutti i suoi demoni hanno lo stesso desiderio e si fanno passare per degli dei.

Satana ha persino provato a persuadere il Figlio di Dio stesso di adorarlo. Matt.4.8-10. *"Di nuovo il diavolo lo trasportò sopra un monte altissimo e gli mostrò tutti i regni del mondo e la loro gloria, dicendogli: "Tutte queste cose ti darò, se tu ti prostri e mi adori". Allora Gesù gli disse:" Vattene, Satana, poiché sta scritto: "Adora il Signore Dio tuo e a lui solo rendi il culto".*

Vediamo ora ciò che fanno quelli che servono Dio quando li si vuole adorare:

Atti 14:11-15 "*La folla, veduto ciò che Paolo aveva fatto, alzò la voce, dicendo in lingua licaonica: "Gli dèi hanno preso forma umana, e sono scesi fino a noi". E chiamavano Barnaba Giove, e Paolo Mercurio, perché era lui che teneva il discorso.*

Il sacerdote di Giove, il cui tempio era all'entrata della città, condusse davanti alle porte tori e ghirlande, e voleva offrire un sacrificio con la folla. Ma gli apostoli Paolo e Barnaba, udito ciò, si strapparono le vesti, e balzarono in mezzo alla folla, gridando: "Uomini, perché fate queste cose? Anche noi siamo esseri umani come voi; e vi predichiamo che da queste vanità vi convertiate al Dio vivente, che ha fatto il cielo, la terra, il mare e tutte le cose che sono in essi."

Apocalisse 19:10 *"Io mi prostrai ai piedi dell'angelo per adorarlo. Ma egli mi disse: "Guardati dal farlo. Io sono un servo come te e come i tuoi fratelli che custodiscono la testimonianza di Gesù: adora Dio! Perché la testimonianza di Gesù è lo spirito della profezia". (dalla versione francese lett.: Essere testimone di Gesù è annunciare che i profeti hanno detto la verità".)*

Apocalisse 22:9 "*Ma l'angelo mi disse: "Guardati dal farlo; io sono un servo come te e come i tuoi fratelli, i profeti, e come quelli che custodiscono le parole di questo libro. Adora Dio!"*

Gesù conosce evidentemente il più importante dei comandamenti che ricorda in Luca 4:8 "*Sta scritto: "Adora il Signore, il tuo Dio, e a lui solo rendi il culto*". E' chiaro che se avesse accettato per sé stesso l'adorazione degli uomini senza essere pienamente Dio, si sarebbe messo nelle file delle truppe del diavolo. Niente di ciò che fosse venuto da lui sarebbe buono!

Ora, Gesù ha accettato l'adorazione dei suoi discepoli senza riprenderli:

Matt.2:11 "*Entrati nella casa, videro il bambino con Maria, sua madre; prostratisi, lo adorarono; e, aperti i loro tesori, gli offrirono dei doni: oro, incenso e mirra*".

Matt.14:33 "*Allora quelli che erano nella barca si prostrarono davanti a lui, dicendo. "Veramente tu sei Figlio di Dio*"!

Matt.28:17 "*E, vedutolo, l'adorarono*".

Dio non avrebbe mai lasciato chicchessia usurpare la sua identità e ricevere l'adorazione dovutaGli senza reagire! Quindi Gesù ha legittimamente il diritto di essere adorato per via della sua identità.

E' Dio, fatto uomo e morto per i nostri peccati, che ci permette oggi di gridare:

Abba, Padre!

Numerosi cristiani hanno una visione piuttosto sfocata di chi essi sono in Cristo. Eppure, la nostra vita di tutti i giorni dipende molto da ciò.

Siccome vivo per fede da anni, sono stato a volte confrontato con la fame. Spesso mi sono chiesto come avrei nutrito la mia famiglia, come l'avrei alloggiata, come mi sarei preso cura dei miei… E' qualcosa di normale per un padre di famiglia. Del resto, i discepoli hanno fatto lo stesso e Gesù ha detto loro di non preoccuparsi.

Sentivo spesso persone dirmi: "Non ti preoccupare, Dio provvederà!" Mi portava all'esasperazione! Era facile da dire per loro che non mancavano di nulla, che avevano un alloggio, un buon lavoro, dei soldi sul conto in banca. Per me era più complicato vivendo a Madagascar con duecento Euro al mese… quando era un buon mese!

Sembrava che non riuscissi ad afferrare qualcosa e vedere la soluzione!

Questa soluzione che Gesù insegnò ai suoi discepoli quando iniziarono a preoccuparsi, in Luca 11:11-13 "*E chi è quel padre fra voi che, se il figlio gli chiede un pane, gli dia una pietra? O se gli chiede un pesce, gli dia invece un serpente? Oppure se gli chiede un uovo, gli dia uno scorpione? Se voi, dunque, che siete malvagi, sapete dare buoni doni ai vostri figli, quanto più il Padre celeste donerà lo Spirito Santo a coloro che glielo chiedono!"*

Leggendo questo testo, mi sono chiesto a lungo perché Gesù mette l'enfasi sullo Spirito Santo come dono di base che Dio vuole dare ai suoi figli, allo stesso modo in cui un padre naturale dà da mangiare ai suoi.

Il motivo di ciò è che questo Spirito Santo promesso è l'unico a portarci la certezza della nostra identità di figli di Dio.

Rom.8:14-16 "*Infatti tutti quelli che sono guidati dallo Spirito di Dio, sono figli di Dio. E voi non avete ricevuto uno spirito di servitù per ricadere nella paura, ma avete ricevuto lo Spirito di adozione, mediante il quale gridiamo: "Abba! Padre!" Lo Spirito stesso attesta insieme con il nostro spirito che siamo figli di Dio."*

La benedizione di Dio, la nostra autorità, la capacità di operare dei miracoli non dipende tanto da ciò che facciamo, quanto da CHI siamo. Siamo coeredi di Cristo perché siamo stati adottati dal Padre di Cristo!

Quando viene adottato un figlio, cambia identità per prendere quella dei suoi nuovi genitori. Allo stato civile, diventa figlio dell'adottante. Il suo passato è cancellato e il suo avvenire sarà registrato con una nuova identità. Sapete che, legalmente, chi è adottato dispone degli stessi diritti e doveri di un figlio nato biologicamente dai suoi genitori? La sua parte di eredità sarà uguale.

D'altronde, questa filiazione non può essere rotta dall'adottante. Solo l'adottato se ne può liberare a certe condizioni.

È precisamente ciò che avviene alla nuova nascita! In quel momento diventiamo pienamente eredi con Cristo mediante il decreto di adozione dello Spirito Santo. Non solo riceviamo le nazioni, fino alle estremità della terra, come eredità. Salmo 2:7-8 "*Io annuncerò il decreto". Il Signore mi ha detto. "Tu sei mio figlio, oggi ti ho generato. Chiedimi, io ti darò in eredità le nazioni e in possesso le estremità della terra",* ma Dio ci affida anche l'autorità legata a questa eredità. Luca 10:17-20. *Or i settanta tornarono pieni di gioia, dicendo: "Signore, anche i demoni ci sono sottoposti nel tuo nome". Ed egli disse loro: "Io vedevo Satana cadere dal cielo come folgore. Ecco, io vi ho dato il potere di camminare sopra serpenti e scorpioni e su tutta la potenza del nemico; nulla potrà farvi del male. Tuttavia, non vi rallegrate perché gli spiriti vi sono sottoposti, ma rallegratevi perché i vostri nomi sono scritti nei cieli".*

Come lo spiego nel mio precedente libro "Inseguito dalla tua Grazia", questo diritto è acquisito sin dalla fondazione del mondo. Il fatto di capire che Dio non ha programmato nessuno per l'inferno ci dà la prova del Suo amore verso tutti noi. Non vuole che nessuno di noi si perda: I Tim.2:3-4 "*Questo è buono e gradito davanti a Dio, nostro Salvatore, il quale vuole che tutti gli uomini siano salvati e vengano alla conoscenza della verità."* Ancora prima della caduta ha previsto come farci grazia: Ap.13:8

"*L'Agnello immolato fin dalla fondazione del mondo".*

L'atto di adozione era scritto, dovevamo solo firmarlo.

È un diritto di nascita che tutti noi abbiamo ricevuto, su questa terra, e per tutte le generazioni.

Diritto di nascita!

Ossia la parabola del figlio prodigo.

Luca 15.11-24 "*Disse ancora: "Un uomo aveva due figli. Il più giovane di loro disse al padre: "Padre, dammi la parte dei beni che mi spetta". Ed egli divise fra loro i beni. Di lì a poco, il figlio più giovane, messa insieme ogni cosa, partì per un paese lontano, e vi sperperò i suoi beni, vivendo dissolutamente. Quando ebbe speso tutto, in quel paese, avvenne una gran carestia ed egli cominciò a trovarsi nel bisogno. Allora si mise con uno degli abitanti di quel paese, il quale lo mandò nei suoi campi a pascolare i maiali. Ed egli avrebbe voluto sfamarsi con i baccelli*

che i maiali mangiavano, ma nessuno gliene dava. Allora, rientrato in sé, disse: "Quanti servi di mio padre hanno pane in abbondanza e io qui muoio di fame! Io mi alzerò e andrò da mio padre, e gli dirò: padre, ho peccato contro il cielo e contro di te: non sono più degno di essere chiamato tuo figlio; trattami come uno dei tuoi servi". Egli dunque si alzò e tornò da suo padre; ma mentre egli era ancora lontano, suo padre lo vide e ne ebbe compassione: corse, gli si gettò al collo, lo baciò e lo ribaciò. E il figlio gli disse: "Padre, ho peccato contro il cielo e contro di te; non sono più degno di essere chiamato tuo figlio". Ma il padre disse ai suoi servi: "Presto, portate qui la veste più bella, e rivestitelo, mettetegli un anello al dito e dei calzari ai piedi; portate fuori il vitello ingrassato, ammazzatelo, mangiamo e facciamo festa, perché questo mio figlio era morto ed è tornato in vita, era perso, ed è stato ritrovato". E si misero a fare gran festa."

È davvero meraviglioso vedere ciò che Dio ci ha donato in Gesù Cristo. Quante volte ho letto questo testo, e ogni volta mi ha fortemente commosso.

È bello sapere che, malgrado tutti i nostri errori, abbiamo la possibilità di tornare a Dio, e Lui è sempre pronto a perdonarci, ad accoglierci, lavarci dei nostri peccati… e restaurarci nella nostra identità.

Riprendiamo insieme questa storia. Parafrasando i vv. 17-19, leggiamo: "Allora si mise a riflettere alla sua vita e si disse: "Tutti gli operai di mio padre possono mangiare tanto quanto vogliono, mentre io sono qui a fare la fame! Mi incamminerò, andrò a trovare mio padre e gli dirò: padre mio, ho peccato contro Dio e contro di te"!

Ecco un figlio che vuole agire bene. Pensa che sia buono per lui tornare da suo padre. Si è pienamente reso conto della sua colpa e si pente. Tuttavia, consapevole della gravità della detta colpa, crede di essere definitivamente squalificato come figlio. Si trova in piena crisi d'identità. "Non merito più di essere considerato tuo figlio. Accettami come uno dei tuoi operai".

Ma il Padre non pensa nemmeno un secondo di lasciare suo figlio così! *"Presto, portate qui la veste più bella, e rivestitelo, mettetegli un anello al dito e dei calzari ai piedi; portate fuori il vitello ingrassato, ammazzatelo, mangiamo e facciamo festa, perché questo mio figlio era morto ed è tornato in vita, era perso, ed è stato ritrovato".*

Per tanto tempo mi è sfuggito un particolare, quello dell'anello che il Padre vuole che si metta al dito di suo figlio. Mentre rivedevo il film "Ben Hur" qualche anno fa, ho preso coscienza del valore di questo particolare della parabola.

Se avete visto questo film, ricordatevi il momento in cui Ben Hur, diventato per adozione figlio di un notabile romano, torna a Gerusalemme e si presenta al palazzo del governatore romano. Per entrare al palazzo, usa la sua nuova identità romana, e la conferma dando l'anello, "sigillo" della sua famiglia, alla guardia romana, così la sua identità romana è subito comprovata. Che sorpresa per il suo amico di una volta diventato il suo peggio nemico quando si rende conto che colui che credeva morto da tanto tempo è tornato vivo e vegeto, e ricco di una nuova autorità dovuta alla sua adozione!

Nell'osservare ciò e facendo pure qualche ricerca storica, ho saputo che l'anello di una famiglia (talvolta un sigillo) era all'epoca una prova d'identità riconosciuta.

Non sarà il motivo per cui Gesù precisa in questa parabola: "Mettetegli un anello al dito"?

Infatti, perché avremmo questa precisazione nel testo se non si trattasse di una cosa importante. Il Padre non si accontenta di far lavare, vestire e calzare il figlio

… tutte queste cose sono urgenti visto quel che ha passato; gli ridà anche l'anello della sua famiglia, prova della sua identità e di tutte le sue prerogative di figlio, con l'autorità che ciò implica sui beni della casa di suo padre!

Ricordatevi di ciò che si dice il figlio allorché si trova in fondo al baratro: "*Non sono più degno di essere chiamato tuo figlio, trattami come uno dei tuoi operai*". Sono sicuro che parlando così, pensa di essere molto spirituale. Ha una nozione umana della "giustizia" che gli fa capire che può sperare nella grazia di suo padre, che questa però ha i suoi limiti e anche se può tornare a casa sua per essere salvato, non potrà mai più essere considerato come degno della fiducia di suo padre.

Ma noi non siamo chiamati ad essere dei servi! Siamo figli e il Padre non sa cosa farsene delle nostre crisi d'identità!

In Romani 8:15 infatti non è scritto che siamo stati assunti da Dio, ma che siamo stati adottati da Lui: "*E voi non avete ricevuto uno spirito di servitù per ricadere nella paura, ma avete ricevuto lo Spirito di adozione, mediante il quale gridiamo: "Abba! Padre!"*

E' primordiale avere una buona comprensione di questo fatto se vogliamo essere in grado di vivere secondo tutte le nostre prerogative di figli di Dio. La nostra autorità sulla casa del Padre nostro è condizionata dal fatto che siamo figli di Dio e che ne prendiamo pienamente coscienza.

Dio oggi non cerca di avere più servi, ha già gli angeli e tutta la creazione per servirlo; Egli cerca di ritrovare i suoi figli! Dalla Genesi all'Apocalisse, la Bibbia racconta la storia di un Padre che vuole ritrovare i suoi figli perduti!

Anche se siamo chiamati a servire Dio, Egli ci considera ben più di un semplice servo. Gesù lo dichiara in Giovanni 15:15 "*Io non vi chiamo più servi, perché il servo non sa quello che fa il suo signore; ma vi ho chiamati amici, perché vi ho fatto conoscere tutte le cose che ho udite dal Padre mio*".

Questa promessa, come del resto tutte le promesse di Dio nella Bibbia, rimane un "potenziale" finché non ce ne appropriamo. Per impedircelo, Satana ci mente da sempre, riguardo alla nostra identità. Chiedetegli allora:

Chi ti credi di essere?

Una delle astuzie preferite del diavolo è di negare questa adozione e quindi l'autorità che va insieme al nostro statuto di figlio di Dio. Lo ha fatto con Gesù, come abbiamo già visto in Matteo 4: *"Se tu sei davvero figlio di Dio"*, agirà dunque anche così con noi.

Poiché siamo stati a lungo separati da Dio, satana inizia dandoci una cattiva immagine del Padre, spesso attraverso le debolezze dei nostri padri terreni, ma anche mediante la nostra cultura religiosa di un Dio duro e lontano.

La sua strategia è vecchia come il mondo. In ogni tempo quando una civiltà ha voluto annientarne un'altra, ha fatto in modo di spezzare la continuità tra le generazioni separando i figli dai propri genitori per tagliarli dalle loro radici. La storia di Daniele e dei suoi compagni nella Bibbia ne è una chiara illustrazione.

Possiamo costatare quanto il diavolo da secoli si accanisce sul nucleo familiare. Ciò ha come risultato che intere generazioni perdono di vista le loro radici.

Mentre guardavo il film "Buon Natale" sulle fraternizzazioni tra nemici nelle trincee della Prima

Guerra mondiale, mi sono reso conto che questo macello era sicuramente collegato con questa strategia. Non c'è una famiglia in Francia, Germania o Inghilterra che sia stata risparmiata. Ognuna avrà avuto almeno un morto! Quanti figli si saranno visti così derubati della loro identità filiale? Dio aveva certamente grandi progetti per questa generazione che stava per vedere apparire i mezzi tecnici con cui poter evangelizzare l'insieme della creazione.

Questa situazione di rottura si ritrova pure nella chiesa che da sin troppo tempo ha formato dei cristiani adulti, pieni di conoscenza e di principi, anziché formare dei cristiani genitori, pieni di un amore incondizionato per i loro figli spirituali.

Scollegati dal Padre, non ci rimane altro che la nostra identità carnale per ricostruirci. E' il motivo per cui è così presente, con tanti problemi annessi, dopo tanti anni di conversione.

Allora dobbiamo assolutamente sapere…

Lo abbiamo Conosciuto?

Atti 9:1-5 "Saulo, sempre spirante minacce e stragi contro i discepoli del Signore, si presentò al sommo sacerdote, e gli chiese delle lettere per le sinagoghe di Damasco affinché, se avesse trovato dei seguaci della Via, uomini e donne, li potesse condurre legati a Gerusalemme.

E durante il viaggio, mentre si avvicinava a Damasco, avvenne che, d'improvviso, sfolgorò intorno a lui una luce dal cielo e, caduto in terra, udì una voce che gli diceva: "Saulo, Saulo, perché mi perseguiti?" Egli domandò: "Chi sei, Signore?" E il Signore: "Io sono Gesù, che tu perseguiti."

Tutti quanti abbiamo sentito parlare di questa meravigliosa conversione di Saulo da Tarso, diventato qualche tempo dopo l'apostolo Paolo e che ci ha lasciato i due terzi del Nuovo Testamento. Rileggendo questo brano, possiamo chiederci come mai quest'uomo, Saulo da Tarso, Ebreo, membro del partito dei farisei - che allora avevano certamente la conoscenza più estesa delle Scritture – che aveva vissuto a Gerusalemme e studiato presso un grande insegnante dell'epoca, Gamaliele, com'è possibile che quest'uomo zelante e infuocato per Dio ponga questa domanda: CHI SEI, SIGNORE?

La risposta è chiara: Saulo ha studiato tanto Dio, ma non l'ha mai conosciuto!

E' possibile studiare per anni la vita di Chopin, la sua opera, il suo ritratto psicologico, la sua cultura… eppure, se vi faccio la domanda: "L'avete conosciuto?", mi direte per forza di no. Chopin in effetti è morto prima ancora che i vostri genitori o i vostri nonni fossero nati. Tutto ciò che potete fare è studiare la sua vita, ma se un giorno vi trovaste di fronte a Chopin, sareste incapaci di riconoscerlo!

Nello stesso modo Saulo fu incapace di riconoscere Cristo quando lo incontrò sulla via di Damasco!

Possiamo RI-conoscere solo ciò che abbiamo già conosciuto e quelli a noi contemporanei, cioè che vivono nello stesso nostro periodo. Degli altri, possiamo solo studiare la vita o le opere.

Mi piace studiare la vita dei personaggi della Bibbia, in particolare quella di questi eroi della fede che furono Davide, Daniele, Paolo… ma non ho nessuna possibilità di incontrarli, perché sono morti. So invece che posso e devo conoscere Gesù, perché lui è vivente!

Troppe persone oggi si accontentano di studiare la vita di Gesù, alcuni cercano pure con tutto il cuore di applicare i suoi insegnamenti. Lo predicano, organizzano conferenze a suo riguardo, studiano ognuna delle sue parole, esaminano la storia antica alla ricerca di prove della sua vita e della sua opera, però non l'hanno mai incontrato. Le università di teologia sono gremite di questo genere di persone. Un mio amico negli Stati Uniti ha conseguito il suo dottorato in teologia anni prima di incontrare Gesù e di iniziare il suo ministero.

Nel Vangelo di Matteo possiamo leggere la storia di queste persone che dicono a Cristo: "*Signore, Signore, non abbiamo noi profetizzato in nome tuo e in nome tuo cacciato demoni e fatto in nome tuo opere potenti?*"

Queste persone hanno visibilmente studiato il funzionamento dei miracoli di Dio, hanno capito un certo numero di cose che gli hanno permesso di manifestare la potenza del Regno. Ma ciò non significa che abbiano conosciuto Cristo poiché Gesù risponde loro:

"Io non vi ho mai conosciuti; allontanatevi da me, malfattori!" Matt.7:22-23

Dobbiamo capire che Gesù è meno interessato al fatto che compiate miracoli rispetto a quello di avervi conosciuto.

Riprendiamo il caso del nostro "amico" Chopin. Oggi, molte persone suonano Chopin sul loro pianoforte; è uno dei compositori più studiati nell'apprendimento di questo strumento. Io stesso posso canticchiare alcune delle sue melodie, ma non fa di me l'amico di Chopin!

Ricordatevi di questa storia in Atti 19:13-16: *"Or alcuni esorcisti itineranti giudei tentarono anch'essi d'invocare il nome del Signore Gesù su quelli che avevano degli spiriti maligni, dicendo: "Io vi scongiuro, per quel Gesù che Paolo annunzia". Quelli che facevano questo erano sette figli di un certo Sceva, ebreo, capo sacerdote. Ma lo spirito maligno rispose loro: "Conosco Gesù, e so chi è Paolo; ma voi chi siete? E l'uomo che aveva lo spirito maligno si scagliò su due di loro; e li trattò in modo tale che fuggirono da quella casa, nudi e feriti."*

Queste persone avevano sentito parlare di un certo Gesù, e sapevano che un certo Paolo predicava nel suo nome. Avevano anche saputo che la predicazione di questo Paolo era accompagnata da segni e prodigi straordinari, tra cui quello di cacciare via i demoni. Allora si erano detto che questa potenza poteva servire il loro mestiere di esorcista, e avevano studiato il metodo di Paolo. Hanno quindi voluto usare il nome di Gesù!

Ma nel loro cuore non ci poteva essere altro che cupidigia, egoismo, orgoglio, perché non avevano conosciuto colui che cambia i cuori!

Vediamo come le cose sono finite per loro! Sì, conoscevano la legge, l'avevano studiata con il loro padre, uno dei capi sacerdoti. Avevano persino studiato Dio… ma senza mai conoscerlo!

Dobbiamo prendere coscienza di ciò che significa il verbo conoscere usato da Cristo. E' lo stesso termine usato nella Bibbia per esprimere la relazione sessuale tra un uomo e una donna. Ad esempio: "Adamo conobbe Eva, sua moglie, la quale concepì e partorì Caino."

Questa nozione ci fa capire a che punto questo verbo implica un'intimità assoluta. Quando conosciamo qualcuno nel senso biblico del termine, facciamo uno solo con lui.

Efesini 5:31 "*Perciò l'uomo lascerà suo padre e sua madre e si unirà a sua moglie e i due diverranno una carne sola.*"

Quando conosciamo Cristo, dobbiamo diventare una sola carne con lui. Ciò implica che diventiamo l'immaggine di ciò che egli è. E' come se fossimo uno specchio che rispecchia la sua gloria. La gente deve poter discernere Cristo in noi. Gesù affermava che conosceva il Padre e che chiunque lo vedeva aveva visto il Padre. Leggiamo insieme questo passo rivelatore in Giovanni 14:6-10

"Gesù gli disse: "Io sono la via, la verità e la vita; nessuno viene al Padre se non per mezzo di me. Se mi aveste conosciuto avreste conosciuto anche mio Padre; e fin da ora lo conoscete, e l'avete visto".

Filippo gli disse: "Signore, mostraci il Padre e ci basta". Gesù gli disse: "Da tanto tempo sono con voi e tu non mi hai conosciuto, Filippo? Chi ha visto me, ha visto il padre; come mai tu dici: "Mostraci il Padre"? Non credi tu che io sono nel Padre e che il Padre è in me? Le parole che io vi dico, non le dico di mio; ma il Padre che dimora in me, fa le opere sue."

Comprendiamo in questo brano l'intimità assoluta che c'è tra il Figlio e il Padre. Vedendo l'uno, scopriamo l'altro.

Gesù prega affinché quest'unità tra il Padre e il Figlio diventi anche una realtà tra i suoi discepoli e lui. *"Io non sono più nel mondo, ma essi sono nel mondo, e io vengo a te. Padre santo, conservali nel tuo nome, quelli che tu mi hai dato, affinché siano uno, come noi." (Giov.17:11)* Il fatto di essere UNO con il figlio ci rende partecipi alla sua potenza, "*Faranno le stesse cose mie e persino cose maggiori…"*, ma anche partecipi alla sua gloria a venire (I Pietro 5:1)

Saremmo certamente felici di poterci fermare a questo punto, ma siamo chiamati ad essere pure partecipi al suo rigetto! Giov.17:14 "*Io ho dato loro la tua parola; e il mondo li ha odiati, perché non sono del mondo, come io non sono del mondo".*

Riconosciamo teoricamente quelli che hanno conosciuto Cristo al fatto che manifestano la Sua persona nel mondo. Quando fu dato ai discepoli di Antiochia il nomignolo di "cristiani", era per prenderli in giro. Si diceva di loro che fossero dei piccoli Cristo!

Quanto vorrei che la gente mi prendesse in giro perché riconoscerebbero che sono come un piccolo Cristo!! Purtroppo ciò accade di rado.

Oggigiorno è difficile fare la differenza al primo sguardo tra chi serve Cristo e chi non lo fa. Certamente troviamo qua e là un "pesciolino" su una macchina, ma ciò non ha mai portato nessuno ad assomigliare a Cristo…

In realtà, esitiamo spesso a farci riconoscere. Siamo gli agenti "troppo segreti" al servizio di Sua Maestà.

Mikaël Bond 007! Sono in missione segreta… discrezione… discretamente discreta…

In verità, non è mai stato nel piano di Dio che foste discreti. Il piano di Dio è che andiate controcorrente rispetto a questo mondo e che lo sconvolgiate!

Vogliamo santificarci, ma discretamente. Non vogliamo che la gente lo venga a sapere. Mi ricorda la storia ricorrente del giovane cristiano che, al liceo, riesce a costo di grandi sforzi a resistere al diavolo. Si mantiene puro e ha scelto di non lasciarsi andare al flirt. Con la grazia di Dio ci riesce spesso. Ma quando i suoi compagni vogliono sapere se è già uscito con una ragazza, dice di sì per non essere preso preso per stupido! I miei coetanei rimarrebbero scioccati se sapessero che vado in chiesa, che ci tengo a rimanere vergine fino al matrimonio ecc…

Non pensate che Gesù abbia scandalizzato gli uomini della sua generazione? Se avete conosciuto Cristo, diventate come lui e vi ritroverete per forza a scioccare delle persone.

La Bibbia ci dice che il vangelo è una pazzia per questo mondo! I Cor.1:18 "*Poiché la predicazione della croce è pazzia per quelli che periscono.*"

"Non scioccare nessuno" è l'arma per eccellenza di Satana! Oggi, ogni volta che sento nel mio cuore la frasetta :"Vacci piano con il Vangelo, stai attento a non scioccare", so da dove proviene!

Non dico che dobbiamo scioccare per forza. Il nostro ruolo è prima di tutto di amare le persone. Alcuni amano provocare per il piacere di vedere le persone scioccate. Diventano così delle pietre d'inciampo!

Dobbiamo sapere però che non potremo evitare di scioccare delle persone se vogliamo che il vangelo sia predicato e che queste stesse persone siano salvate. Che cosa preferite, non scioccare la gente e lasciarla partire tranquillamente all'inferno?

In realtà, il nostro problema proviene dal fatto che abbiamo paura di essere rigettati. La paura del rigetto è ciò che porta oggi i cristiani ad assomigliare sempre di meno a Cristo. Non esitiamo a scioccare certe persone con il nostro abbigliamento, con il nostro linguaggio… siamo spesso dei provocatori quando si tratta di affermare la nostra identità se questa ci permette di integrarci in un gruppo di persone di nostra scelta. Il nostro desiderio di non scioccare è di fatto solo una scusa per non essere emarginati dal gruppo in cui abbiamo sognato di trovare il proprio posto. L'idea dell'esclusione è semplicemente insopportabile!

Eppure ce la dovremmo aspettare se abbiamo conosciuto Cristo, perché lui ci ha avvisati sin dall'inizio, come leggiamo in Giov.16:2-3 *"Vi espelleranno dalle sinagoghe; anzi, l'ora viene che chiunque vi ucciderà, crederà di rendere un culto a Dio. Faranno questo perché non hanno conosciuto né il Padre né me."*

Quando abbiamo conosciuto il Signore, che dimoriamo in Lui e Lui in noi, cominciamo ad assomigliare a lui, ciò che implica che ci santifichiamo nella sua grazia, sempre di più, e che lavoriamo di modo concreto alla nostra salvezza. Seguiremo dunque i suoi comandamenti, e ciò, per chi non li segue, diventa ben presto insopportabile.

I Giov.2:3 *"Da questo sappiamo che l'abbiamo conosciuto: se osserviamo i suoi comandamenti."*

Quante volte ho visto degli amici voltarmi le spalle perché non volevo più drogarmi, né bere o rubare. Ne ho visti altri allontanarsi da me, a volte all'interno stesso della mia famiglia, perché avevo deciso di amare, come Cristo ha comandato, un prossimo che loro consideravano come non amabile. "Scegli: o lui, o noi!"

Delle persone che erano vicine, mi sono diventate estranee per via del mio desiderio di assomigliare a Cristo, perché questa somiglianza li confrontava con i loro peccati e faceva eco alla loro coscienza che li accusava pure.

Sin da quando l'uomo ha mangiato dall'albero della conoscenza del bene e del male, lui prova a dimenticarlo. Vuole mettere a tacere la sua coscienza. Ma questa si risveglia ogni volta che viene confrontata con la manifestazione della grazia di Cristo!

Poiché è proprio questo che sciocca la gente: Dio fa grazia, mentre la loro conoscenza del bene e del male li accusa. Non sopportano di vedervi liberi da queste accuse mentre loro ne rimangono schiavi.

Il fatto di aver conosciuto la grazia è l'unico modo di camminare essendo liberi dal peccato. Col. 1:6 *"Esso è in mezzo a voi, e nel mondo intero, porta frutto e cresce, come avviene anche tra di voi, dal giorno che ascoltaste e conosceste la grazia di Dio in verità".*

Questo è l'unico modo di essere dei "piccoli Cristo". Abbiamo bisogno di vivere questa intimità con la grazia di Dio se vogliamo essere liberi! Non basta capire il meccanismo della grazia, dobbiamo immergerci in essa.

"*...dal giorno che* ***ascoltaste e conosceste*** *la grazia di Dio".*

Nell'Antico Testamento ritroviamo la parola grazia, in ebraico "kheh'-sed", tradotto nella Bibbia con bontà, misericordia, fedeltà, amore, grazia...

Come vediamo, la grazia è la natura stessa di Dio. Dobbiamo quindi imparare a conoscere intimamente la natura di Dio, e potremo dire che siamo conosciuti da Lui.

Ritrovare la nostra vera identità!

Efesini 4.20-24

"Ma voi non è così che avete imparato a conoscere Cristo. Se pure gli avete dato ascolto e in lui siete stati istruiti secondo la verità che è in Gesù, avete imparato per quanto concerne la vostra condotta di prima a spogliarvi del vecchio uomo che si corrompe seguendo le passioni ingannatrici; a essere invece rinnovati nello spirito della vostra mente e a rivestire l'uomo nuovo che è creato a immagine di Dio ***nella giustizia e nella santità che procedono dalla verità***".

Vediamo che al di là del nostro corpo e della nostra natura umana è presente anche una persona spirituale: la nostra nuova natura. Quest'uomo nuovo è erede della vita eterna e dell'autorità conseguente alla sua adozione.

Dobbiamo imparare a considerare in primo luogo quest'uomo nuovo se vogliamo essere dei cristiani efficaci nel Regno di Dio.

Romani 12:2 "*Non conformatevi a questo mondo, ma siate trasformati mediante il rinnovamento della vostra mente, affinché conosciate per esperienza quale sia la volontà di Dio, la buona, gradita e perfetta volontà.*"

É impossibile, non solo piacere a Dio, ma anche entrare nel nostro destino con degli atti prodotti dalla nostra vecchia natura! Possiamo sempre insegnare a quest'ultima a cantare dei canti cristiani, a parlare "in lingue", a pregare di maniera evangelica, ma niente di tutto ciò è spirituale. La nostra carne può produrre solo cose carnali!

Ciò che piace a Dio, e che cerca prima di tutto, è la qualità della relazione con i suoi figli, acquisita da Gesù alla croce.

II Cor.5.17 (trad. libera dal francese) *"Se qualcuno entra in* ***comunione vivente*** *con il Cristo, diventa un uomo nuovo, è ricreato. Il vecchio stato è superato. Ciò che era una volta è sparito. La nuova creazione è già iniziata; ecco: tutto è diventato nuovo".*

Tutto il resto è solo religione.

Chi siamo oggi?

Cristo è il capo! Noi siamo il corpo!

I demoni sono sotto i piedi di Gesù, sono quindi sotto i nostri piedi! ALLELUIA!

Il Messia è coronato; regna, seduto alla destra del Padre, ma la sua autorità riposa oggi sulle sue spalle. Isaia 9:5 *"Poiché un bambino ci è nato, un figlio ci è stato dato. Sulle sue spalle riposerà l'impero."*

Le spalle non fanno parte della testa, bensì del corpo. E' sul Corpo di Cristo, cioè la Chiesa, che riposa l'autorità. Il termine ebraico tradotto qui con impero, "misrah", significa autorità, governo!

Lo scopo del diavolo è di mettere sulle nostre spalle dei pesi che ci legano di modo che non possiamo esercitare la nostra autorità.

Matt.23:4 *"Infatti, legano dei fardelli pesanti e li mettono sulle spalle della gente; ma loro non li vogliono muovere neppure con un dito."*

Satana è molto più consapevole di noi di chi siamo! Sa che come figli e figlie dell'Altissimo abbiamo un'autorità legittima sull'insieme delle possessioni del nostro Padre celeste.

Matt.18.18 *"Io vi dico in verità che tutte le cose che legherete sulla terra, saranno legate nel cielo; e tutte le cose che scioglierete sulla terra, saranno sciolte nel cielo."*

Quest'autorità serve per attuare i decreti del Regno.

La Bibbia dichiara in Col.1:18 "Egli è il capo del corpo della Chiesa."

Cristo è il capo! Noi siamo il corpo. Ciò implica che se i demoni sono sotto i piedi di Gesù, sono quindi sotto i nostri piedi! Alleluia!

Il giorno in cui ho capito che, anche se ero solo un piccolo callo sulla pianta dei piedi di Gesù, la mia posizione era sempre al di sopra di quella del diavolo e dei demoni, ho saputo che potevo camminare nella vittoria.

Mentre Cristo è nei cieli, alla destra del Padre, ci affida il governo del suo Regno da stabilire e ci chiede di esercitare l'autorità nel suo nome perché oggi abbiamo la sua stessa filiazione divinaDio ci ha riconciliati in Gesù Cristo. Dobbiamo ora imparare ad essere riconciliati con noi stessi per vivere una vita cristiana in pienezza.

Luca 10:27 *"Egli rispose: "Ama il Signore Dio tuo con tutto il tuo cuore, con tutta l'anima tua, con tutta la forza tua, con tutta la mente tua, e il tuo prossimo come te stesso."*

Dobbiamo capire che non possiamo amare il nostro prossimo finché non abbiamo imparato ad amare noi stessi, ciò che implica che siamo riconciliati con la nostra identità.

Rialzatevi dai vostri fallimenti!

"Or una sera avvenne che Davide si alzò dal suo letto e si mise a passeggiare sulla terrazza del palazzo. Dalla terrazza vide una donna che faceva il bagno; e la donna era bellissima. Così Davide mandò a chiedere informazioni sulla donna; e gli fu detto: "Non è costei Bath-Sceba, figlia di Eliam, moglie di Uriah, l'Hitteo?...

Essa venne da lui ed egli si coricò con lei. Bath-Sceba rimase incinta e lo mandò a dire a Davide. Allora Davide mandò a dire a Joab: "Mandami Uriah, l'Hitteo."...Poi Davide disse a Uriah: "Scendi a casa tua e prendi un po' di riposo". Uriah uscì dalla casa del re seguito da un dono da parte del re. Ma Uriah dormì alla porta della casa del re con tutti i servi del suo signore e non scese a casa sua.... La mattina dopo, Davide scrisse una lettera a Joab e gliela mandò per mano di Uriah. Nella lettera aveva scritto così: Ponete Uriah in prima linea, dove la battaglia è più aspra, poi ritiratevi da lui, perché resti colpito e muoia"....Quando la moglie di Uriah udì che Uriah suo marito era morto, fece cordoglio per suo marito. Terminato il lutto, Davide la mandò a prendere e l'accolse a casa sua. Ella divenne sua moglie e gli partorì un figlio. Ma ciò che Davide aveva fatto dispiacque all'Eterno. Poi l'Eterno mandò a Davide Nathan....Così dice l'Eterno, il Dio d'Israele: "Perché dunque hai disprezzato la parola dell'Eterno, facendo ciò che è male ai suoi occhi? Tu hai fatto morire con la spada Uriah l'Hitteo, hai preso per *moglie la sua moglie"…. Allora Davide disse a Nathan: "Ho peccato contro l'Eterno"…. "Tuttavia, poiché facendo questo tu hai dato ai nemici dell'Eterno occasione di bestemmiare, il figlio che ti è nato dovrà morire… ". Allora Davide supplicò Dio per il bambino e digiunò; poi entrò in casa e passò la notte giacendo per terra…. Or avvenne che il settimo giorno il bambino morì… Allora Davide si alzò da terra, si lavò, si unse e si cambiò le vesti; poi andò nella casa dell'Eterno e si prostrò, quindi tornò a casa sua e chiese che gli portassero del cibo, e mangiò… Poi Davide consolò Bath-Sceba sua moglie, entrò da lei e si coricò insieme; così ella partorì un figlio, che egli chiamò Salomone; e l'Eterno lo amò." (*tratto dal secondo libro di Samuele)

Sono sicuro che, come me, avete letto la storia di Davide e Bath-Sceba, e sono sicuro che, come me, vi siete chiesti come un uomo secondo il cuore di Dio, che fu il più grande re d'Israele, abbia potuto cadere in una storia così sordida.

Qualsiasi tribunale avrebbe condannato Davide a morte, o perlomeno all'ergastolo! Forse non per via del suo adulterio, ma sicuramente per l'omicidio premeditato che aveva commissionato su Uriah!

Ma non solo Dio gli ha fatto grazia, inoltre benedice Davide e Bath-Sceba insieme alla loro progenie poiché questa compare nella genealogia di Cristo! (Matteo 1)

In realtà, ciò che Dio ci insegna attraverso questa storia e ciò che sembra importante ricevere da questo brano non è il peccato in sé stesso, bensì il modo in cui Davide si rialza da questa caduta!

Un figlio di Dio non è uno che non cade mai, e in nessun caso è una persona perfetta. Un vero figlio di Dio si valuta dalla sua capacità di rialzarsi dopo i suoi fallimenti!

Quando il diavolo vi tenta e cerca di farvi cadere, il suo scopo non è il peccato in sé stesso. Sa bene che tutti i peccati passati e futuri sono lavati nel sangue di Gesù per chi crede nella grazia concessa dal Messia sulla croce! No, il suo scopo è diverso, lui cerca solo una cosa: fermarvi nella chiamata che Dio ha posto sulla vostra vita!

Dio non si pente della chiamata che ha posto sulla vita di Davide, e molti tra di noi dovrebbero pensarci due volte prima di condannare i servi di Dio che cadono. Non dimentichiamo che saremo giudicati con la stessa misura che usiamo per giudicare gli altri.

Se Dio non si pente della sua chiamata, perché dovremmo impedire a chi è caduto di rialzarsi e di reintegrare il proprio servizio?

Per quanto riguarda chi è caduto, deve imperativamente considerare la situazione da un punto di vista costruttivo di modo che, alla sua caduta non aggiunga l'abbandono del piano di Dio per la sua vita!

Che cosa sarebbe diventato Israele se il suo eroe Giosuè fosse tornato sui propri passi per via della sua sconfitta davanti alla città di Ai? (Giosuè 7); se il grande Re Davide, coperto di senso di colpa, si fosse lasciato andare alla depressione e avesse abbandonato il trono? (II Samuele 11); se Elia, dopo aver vinto i profeti di Baal, e dopo essere fuggito nel deserto davanti a Jesabel, non si fosse messo nuovamente in cammino? ((I Re 19); Se Pietro, dopo il suo mezzo fallimento di passeggiata acquatica, fosse tornato a casa sua e avesse ripreso la sua attività di pescatore? (Matteo 14), Se Paolo, di fronte agli interrogativi degli Ebrei e la messa in discussione del suo apostolato, avesse deciso di aprire un campeggio? (I Corinzi 9).

Tutte queste persone hanno vissuto dei fallimenti e tutte si sono rialzate! Non fate il gioco del nemico, perché la spunterà solo se non vi rialzerete!

Il Signore vi benedica nella vostra nuova identità in Cristo, la Sua grazia vi guidi nello scoprirla ogni giorno di più.

Fraternamente.